한국전력공사

NCS 직무능력검사
모의고사(ICT 분야)

	영 역	의사소통능력, 수리능력, 문제해결능력, 정보능력, 기술능력
제 3 회	문항수	55문항
	시 간	65분
	비 고	객관식 5지선다형

SEOWONGAK
(주)서원각

1. 다음 글이 어느 전체 글의 서론에 해당하는 내용일 때, 본론에서 다루어질 내용이라고 판단하기에 적절하지 않은 것은 어느 것인가?

지난 2017년 1월 20일 제45대 미국 대통령으로 취임한 도널드 트럼프는 미국 내 석유·천연가스 생산을 증진하고 수출을 늘려 미국의 고용과 성장을 추구하며 이를 위해 각종 규제들을 완화하거나 폐지해야 한다는 주장을 해왔다. 이어 트럼프 행정부는 취임 직후부터 에너지 부문 규제를 전면 재검토하고 중단되었던 에너지 인프라 프로젝트를 추진하는 등 관련 조치들을 단행하였다. 화석에너지 자원을 중시하는 트럼프 행정부의 에너지 정책은 과거 오바마 행정부가 온실가스 감축과 신재생에너지 확산을 중시하면서 화석연료 소비는 절약 및 효율개선을 통해 줄이려했던 것과는 반대되는 모습이다.

셰일혁명에 힘입어 세계 에너지 시장과 산업에서 미국의 영향력은 점점 커지고 있어 미국의 정책 변화는 미국의 에너지 산업이나 에너지수급 뿐만 아니라 세계 에너지 시장과 산업에 상당한 영향을 미칠 수 있다. 물론 미국의 행정부 교체에 따른 에너지정책 변화가 미국과 세계의 에너지 부문에 급격히 많은 변화를 야기할 것이라는 전망은 다소 과장된 것일 수 있다. 미국의 에너지정책은 상당부분 주정부의 역할이 오히려 더 중요한 역할을 하고 있기도 하고 미국의 에너지시장은 정책 요인보다는 시장논리에 따라서 움직이는 요소가 크다는 점에서 연방정부의 정책 변화의 영향은 제한적일 것이라는 분석도 일리가 있다. 또한 기후변화 대응을 위한 온실가스 감축노력과 저탄소에너지 사용 확대 노력은 이미 세계적으로 대세를 형성하고 있어 이러한 흐름을 미국이 역행하는 것은 한계가 있다는 견해도 많다.

어쨌든 트럼프 행정부가 이미 출범했고 화석연료 중심의 에너지정책과 규제 완화 등 공약사항들을 상당히 빠르게 추진하고 있어 이에 따른 미국 및 세계 에너지 수급과 에너지시장에의 영향을 조기에 전망하고 우리나라의 에너지수급과 관련된 사안이 있다면 이에 대한 적절한 대응을 위한 시사점을 찾아낼 필요가 있으며 트럼프 행정부 초기에 이러한 작업을 하는 것은 매우 시의적절하다 하겠다.

① 트럼프 행정부의 에너지 정책 추진 동향에 대한 분석
② 세계 에너지부문에의 영향을 파악하여 우리나라의 대응 방안 모색
③ 미국의 화석에너지 생산 및 소비 현황과 국제적 비중 파악
④ 중국, EU 등 국제사회와의 무역 갈등에 대한 원인과 영향 분석
⑤ 기후변화에 따른 국제사회와의 협약 이행 여부 및 기후변화에 대한 인식 파악

2. 다음은 발전소에서 만들어진 전기가 가정으로 공급되기까지의 과정을 요약하여 설명한 글이다. 다음을 참고하여 도식화한 〈전기 공급 과정〉의 빈 칸 (A)~(D)에 들어갈 말이 순서대로 바르게 나열된 것은?

발전소에서 만들어지는 전기는 크게 화력과 원자력이 있다. 수력, 풍력, 태양열, 조력, 태양광 등 여러 가지 방법이 있지만 현재 우리나라에서 발전되는 대부분의 전기는 화력과 원자력에 의존한다. 발전회사에서 만들어진 전기는 변압기를 통하여 승압을 하게 된다. 승압을 거치는 것은 송전상의 이유 때문이다.

전력은 전압과 전류의 곱과 같게 되므로 동일 전력에서 승압을 하면 전류가 줄어들게 되고, 전류가 작을수록 선로에서 발생하는 손실은 적어지게 된다. 하지만 너무 높게 승압을 할 경우 고주파가 발생하기 때문에 전파 장애 혹은 선로와 지상 간의 대기가 절연파괴를 일으킬 수도 있으므로 적정 수준까지 승압을 하게 된다. 이것이 345KV, 765KV 정도가 된다.

이렇게 승압된 전기는 송전 철탑을 거쳐서 송전을 하게 된다. 송전되는 중간에도 연가(선로의 위치를 서로 바꾸어 주는) 등 여러 작업을 거친 전기는 변전소로 들어가게 된다. 변전소에서는 배전 과정을 거치게 되며, 이 과정에서 전압을 다시 22.9KV로 강하시키게 된다. 강하된 전기는 변압기를 통하여 가정으로 나누어지기 위해 최종 변압인 220V로 다시 바뀌게 된다.

대단위 아파트나 공장 등에서는 22.9KV의 전기가 주상변압기를 거치지 않고 바로 들어가는 경우도 있으며, 이 경우 자체적으로 변압기를 사용해서 변압을 하여 사용하기도 한다.

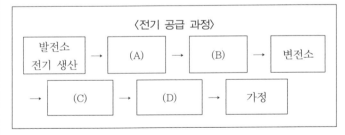

〈전기 공급 과정〉

발전소 전기 생산 → (A) → (B) → 변전소 → (C) → (D) → 가정

① 승압, 배전, 송전, 변압
② 변압, 배전, 송전, 강압
③ 승압, 송전, 배전, 변압
④ 송전, 배전, 강압, 변압
⑤ 승압, 송전, 변압, 배전

3. ○○정유회사에 근무하는 N씨는 상사로부터 다음과 같은 지시를 받았다. 다음 중 N씨가 표를 구성할 방식으로 가장 적절한 것은?

상사 : 이 자료를 간단하게 표로 작성해 줘. 다른 부분은 필요 없고, 어제 원유의 종류에 따라 전일 대비 각각 얼마씩 오르고 내렸는지 그 내용만 있으면 돼. 우리나라는 전국 단위만 표시하도록 하고. 한눈에 자료의 내용이 들어올 수 있도록, 알겠지?

자료

주요 국제유가는 중국의 경제성장률이 시장 전망치와 큰 차이를 보이지 않으면서 사흘째 올랐다. 우리나라 유가는 하락세를 지속했으나, 다음 주에는 상승세로 전환될 전망이다.

한국석유공사는 오늘(14일) 석유정보망(http://www.petronet.co.kr/)을 통해 13일 미국 뉴욕상업거래소에서 8월 인도분 서부텍사스산 원유(WTI)는 배럴당 87.10달러로 전날보다 1.02달러 오르면서 장을 마쳤다며 이 같이 밝혔다. 또한 영국 런던 ICE선물시장에서 북해산 브렌트유도 배럴당 102.80달러로 전날보다 1.73달러 상승세로 장을 마감했다.

이는 중국의 지난 2·4분기 국내총생산(GDP)이 작년 동기 대비 7.6% 성장, 전분기(8.1%)보다 낮아졌으며 시장 전망을 벗어나지 않으면서 유가 상승세를 이끌었다고 공사 측은 분석했다. 이로 인해 중국 정부가 추가 경기 부양에 나설 것이라는 전망도 유가 상승에 힘을 보탰다.

13일 전국 주유소의 리터(ℓ)당 평균 휘발유가격은 1천 892.14원, 경유가격은 1천718.72원으로 전날보다 각각 0.20원, 0.28원 떨어졌다. 이를 지역별로 보면 휘발유가격은 현재 전날보다 소폭 오른 경기·광주·대구를 제외하고 서울(1천970.78원, 0.02원↓) 등 나머지 지역에서는 인하됐다.

한편, 공사는 내주(15일~21일) 전국 평균 휘발유가격을 1천897원, 경유가격을 1천724원으로 예고, 이번 주 평균가격보다 각각 3원, 5원 오를 전망이다.

①
원유 종류	13일 가격	전일 대비
WTI	87.10 (달러/배럴)	▲ 1.02
북해산 브렌트유	102.80 (달러/배럴)	▲ 1.73
전국 휘발유	1892.14 (원/리터)	▼ 0.20
전국 경유	1718.72 (원/리터)	▼ 0.28

②
원유 종류	13일 가격	자료출처
WTI	87.10 (달러/배럴)	석유정보망 (http://www.petronet.co.kr/)
북해산 브렌트유	102.80 (달러/배럴)	
전국 휘발유	1892.14 (원/리터)	
전국 경유	1718.72 (원/리터)	

③
원유 종류	13일 가격	등락 폭
전국 휘발유	1892.14 (원/리터)	0.20 하락
서울 휘발유	1970.78 (원/리터)	0.02 하락
경기·광주·대구 휘발유	1718.12 (원/리터)	0.28 상승

④
원유 종류	내주 예상 가격	금주 대비	자료출처
전국 휘발유	1897 (원/리터)	▲ 3.0	한국석유공사
전국 경유	1724 (원/리터)	▲ 5.0	

⑤
원유 종류	내주 예상 가격	금주 대비
전국 휘발유	1897 (원/리터)	▲ 3.0
전국 경유	1724 (원/리터)	▲ 5.0
서울 휘발유	1970.78 (원/리터)	▼ 0.02
경기·광주·대구 휘발유	1718.12 (원/리터)	▲ 0.28

4. 다음 밑줄 친 단어의 의미와 동일하게 쓰인 것을 고르시오.

농림축산식품부를 비롯한 농정 유관기관들이 제7호 태풍 '쁘라삐룬'과 집중호우 피해 최소화에 총력을 모으고 나섰다.

농식품부는 2일 오전 10시 농식품부 소관 실국과 농촌진흥청, 농어촌공사, 농협중앙회 등 유관기관이 참여하는 '태풍 쁘라삐룬 2차 대책회의'를 <u>열고</u> 집중호우에 따른 농업분야 피해 및 대책 추진상황을 긴급 점검했다.

농식품부가 지자체 등의 보고를 토대로 집계한 농업분야 피해는 이날 오전 6시 현재 농작물 4258ha, 저수지 1개소 제방 유실, 용수간선 4개소 유실·매몰 피해가 발생했다.

① 안전기의 스위치를 <u>열고</u> 퓨즈가 끊어진 것을 확인한다.
② 아직 교육의 혜택을 제대로 받지 못한 오지에 학교를 <u>열었다.</u>
③ 정상회담에 앞서서 준비회담을 <u>열었으나</u> 그 회담 내용은 알려지지 않았다.
④ 사람들이 토지에 정착하여 살 수 있게 됨으로써 인류 역사에 농경 시대를 <u>열게</u> 되었다.
⑤ 모든 사람에게 마음을 <u>열고</u> 살기 위해서는 무엇보다도 타인에 대한 사랑과 이해가 우선되어야 한다.

5. 다음 글을 통해서 내릴 수 있는 결론으로 가장 타당하지 않은 것은?

신혼부부 가구의 주거안정을 위해서는 우선적으로 육아·보육지원 정책의 확대·강화가 필요한 것으로 나타났다. 신혼부부 가구는 주택마련 지원정책보다 육아수당, 육아보조금, 탁아시설 확충과 같은 육아·보육지원 정책의 확대·강화가 더 필요하다고 생각하고 있으며 특히, 믿고 안심할 수 있는 육아·탁아시설 확대가 필요한 것으로 나타났다. 이는 최근 부각된 보육기관 아동학대 문제 등 사회적 분위기에 영향을 받은 것으로 사료되며, 또한 맞벌이 가구의 경우는 자녀의 안정적인 보육환경이 전제되어야만 안심하고 경제활동을 할 수 있기 때문으로 사료된다.

신혼부부가구 중 아내의 경제활동 비율은 평균 38.3%이며, 맞벌이 비율은 평균 37.2%로 나타났다. 일반적으로 자녀 출산 시기로 볼 수 있는 혼인 3년차 부부에서 아내의 경제활동 비율이 30% 수준까지 낮아지는 경향을 보이고 있는데, 이는 자녀의 육아환경 때문으로 판단된다. 또한, 외벌이 가구의 81.5%가 자녀의 육아·보육을 위해 맞벌이를 하지 않는 것으로 나타났는데, 이 역시 결혼 여성의 경제활동 지원을 위해서는 무엇보다 육아를 위한 보육시설 확대가 필요하다는 것을 시사한다. 맞벌이의 주된 목적이 주택비용 마련임을 고려할 때, 보육시설의 확대는 결혼 여성에게 경제활동 기회를 제공하여 신혼부부 가구의 경제력을 높이게 되고, 내 집 마련 시기를 앞당기는 기회를 제공할 수 있다는 점에서 중요성을 갖는다.

특히, 신혼부부 가구가 계획하고 있는 총 자녀의 수가 1.83명이나 자녀양육의 환경문제 등으로 추가적인 자녀계획을 포기하는 경우가 있을 수 있으므로 실제 이보다 낮은 자녀수를 나타낼 것으로 예상된다. 따라서 인구증가를 위한 출산장려를 위해서도 결혼 여성의 경제활동을 지원하기 위한 현재의 육아·보육지원 정책보다 강화된 국가적 차원의 배려와 관심이 필요하다고 할 수 있다.

① 육아·보육지원은 신혼부부의 주거안정을 위한 정책이다.
② 신혼부부들은 육아수당, 육아보조금 등이 주택마련 지원보다 더 필요하다고 생각한다.
③ 자녀의 보육환경이 개선되면 맞벌이 비율이 상승한다.
④ 여성에게 경제적 지원을 늘리게 되면 인구감소를 막을 수 있다.
⑤ 보육환경의 개선은 신혼부부가 내 집 마련을 보다 이른 시기에 할 수 있게 해 준다.

6. 다음 글의 내용을 사실과 의견으로 구분할 때, 사실인 것은?

㉠ 우리 지역 축제에 유명 연예인을 초청해야 한다고 생각합니다. ㉡ 그 이유는 지역 주민의 축제 참여율을 높일 필요가 있기 때문입니다. ㉢ 지난 3년간 축제 참여 현황을 보면 지역 주민의 참여율이 전체 주민의 10% 미만으로 매우 저조하고, 이마저도 계속 낮아지는 추세입니다. ㉣ 우리 지역에서는 연예인을 직접 볼 기회가 많지 않으므로 유명 연예인을 초청하면 지역 주민들이 축제에 더 많은 관심을 보일 것입니다. ㉤ 따라서 유명 연예인을 초청하여 지역 주민의 축제 참여를 유도할 필요가 있습니다.

① ㉠   ② ㉡
③ ㉢   ④ ㉣
⑤ ㉤

7. 다음 표준 임대차 계약서의 일부를 보고 추론할 수 없는 내용은 어느 것인가?

[임대차계약서 계약조항]
제1조[보증금] 을(乙)은 상기 표시 부동산의 임대차보증금 및 차임(월세)을 다음과 같이 지불하기로 한다.
• 보증금 : 금○○원으로 한다.
• 계약금 : 금○○원은 계약 시에 지불한다.
• 중도금 : 금○○원은 2017년 ○월 ○일에 지불한다.
• 잔 금 : 금○○원은 건물명도와 동시에 지불한다.
• 차임(월세): 금○○원은 매월 말일에 지불한다.
제4조[구조변경, 전대 등의 제한] 을(乙)은 갑(甲)의 동의 없이 상기 표시 부동산의 용도나 구조 등의 변경, 전대, 양도, 담보제공 등 임대차 목적 외에 사용할 수 없다.
제5조[계약의 해제] 을(乙)이 갑(甲)에게 중도금(중도금 약정이 없는 경우에는 잔금)을 지불하기 전까지는 본 계약을 해제할 수 있는 바, 갑(甲)이 해약할 경우에는 계약금의 2배액을 상환하며 을(乙)이 해약할 경우에는 계약금을 포기하는 것으로 한다.
제6조[원상회복의무] 을(乙)은 존속기간의 만료, 합의 해지 및 기타 해지사유가 발생하면 즉시 원상회복하여야 한다.

① 중도금 약정 없이 계약이 진행될 수도 있다.
② 부동산의 용도를 변경하려면 갑(甲)의 동의가 필요하다.
③ 을(乙)은 계약금, 중도금, 보증금의 순서대로 임대보증금을 지불해야 한다.
④ 중도금 혹은 잔금을 지불하기 전까지만 계약을 해제할 수 있다.
⑤ 원상회복에 대한 의무는 을(乙)에게만 생길 수 있다.

8. 다음은 가족제도의 붕괴, 비혼, 저출산 등 사회적인 이슈에 대해 자유롭게 의견을 나누는 자리에서 직원들 간에 나눈 대화의 일부분이다. 이를 바탕으로 옳게 추론한 것을 모두 고르면?

남1 : 가족은 혼인제도에 의해 성립된 집단으로 두 명의 성인 남녀와 그들이 출산한 자녀 또는 입양한 자녀로 이루어져야만 해. 이러한 가족은 공동의 거주, 생식 및 경제적 협력이라는 특성을 갖고 있어.

여1 : 가족은 둘 이상의 사람들이 함께 거주하면서 지속적인 관계를 유지하는 집단을 말해. 이들은 친밀감과 자원을 서로 나누고 공동의 의사결정을 하며 가치관을 공유하는 등의 특성이 있지.

남2 : 핵가족은 전통적인 성역할에 기초하여 아동양육, 사회화, 노동력 재생산 등의 기능을 가장 이상적으로 수행할 수 있는 가족 구조야. 그런데 최근 우리사회에서 발생하는 출산율 저하, 이혼율 증가, 여성의 경제활동 참여율 증가 등은 전통적인 가족 기능의 위기를 가져오는 아주 심각한 사회문제야. 그래서 핵가족 구조와 기능을 유지할 수 있는 정책이 필요해.

여2 : 전통적인 가족 개념은 가부장적 위계질서를 가지고 있었어. 하지만 최근에는 민주적인 가족관계를 형성하고자 하는 의지가 가족 구조를 변화시키고 있지. 게다가 여성의 자아실현 욕구가 증대하고 사회·경제적 구조의 변화에 따라 남성 혼자서 가족을 부양하기 어려운 것이 현실이야. 그래서 한 가정 내에서 남성과 여성이 모두 경제활동에 참여할 수 있도록 지원하는 국가의 정책이 필요하다고 생각해.

ⓘ 남1에 의하면 민족과 국적이 서로 다른 두 남녀가 결혼하여 자녀를 입양한 가정은 가족으로 인정하기 어렵다.

ⓛ 여1과 남2는 동성(同性) 간의 결합을 가족으로 인정하고 지지할 것이다.

ⓒ 남2는 아동보육시설의 확대정책보다는 아동을 돌보는 어머니에게 매월 일정액을 지급하는 아동수당 정책을 더 선호할 것이다.

ⓔ 여2는 무급의 육아휴직 확대정책보다는 육아도우미의 가정 파견을 전액 지원하는 국가정책을 더 선호할 것이다.

① ㉠, ㉢
② ㉡, ㉣
③ ㉢, ㉣
④ ㉠, ㉡, ㉢
⑤ ㉠, ㉡, ㉢, ㉣

9. 다음 중 밑줄 친 부분과 같은 의미로 쓰인 것은?

"자숙 <u>말고</u> 자수하라" 이는 공연·연극·문화·예술계 전반에 퍼진 미투(#MeToo) 운동을 지지하는 위드유(with you) 집회에서 울려 퍼진 구호이다. 성범죄 피해자에 대한 제대로 된 사과와 진실규명을 바라는 목소리라고 할 수 있다. 그동안 전 ○○거리패 연출가를 시작으로 유명한 중견 남성 배우들의 성추행 폭로가 줄을 이었는데, 폭로에 의해 밝혀지는 것보다 스스로 밝히는 것이 나을 것이라 판단한 것인지 자진신고자도 나타났다. 연극계에 오랫동안 몸담고서 영화와 드라마에서도 인상 깊은 연기를 펼쳤던 한 남성 배우는 과거 성추행 사실을 털어놓으며 공식 사과했다.

① 그는 공부 <u>말고</u>도 운동, 바둑, 컴퓨터 등 모든 면에서 너보다 낫다.

② 뜨거운 숭늉에 밥을 <u>말고</u> 한 술 뜨기 시작했다.

③ 그는 땅바닥에 털썩 주저앉아 종이에 담배를 <u>말고</u> 피우기 시작했다.

④ 유치한 소리 <u>말고</u> 가만있으라는 말에 입을 다물었다.

⑤ 거짓말 <u>말고</u> 사실대로 대답하라.

10. 다음의 사례는 FABE 화법을 활용한 대화 내용이다. 이를 읽고 밑줄 친 부분에 대한 내용으로 가장 옳은 것으로 추정되는 항목을 고르면?

〈개인 보험가입에 있어서의 재무 설계 시 이점〉

상담원 : 저희 보험사의 재무 설계는 고객님의 자산 흐름을 상당히 효과적으로 만들어 줍니다.

상담원 : 그로 인해 고객님께서는 언제든지 원하는 때에 원하는 일을 이룰 수 있습니다.

상담원 : <u>그 중에서도 가장 소득이 적고 많은 비용이 들어가는 은퇴시기에 고객님은 편안하게 여행을 즐기시고, 또한 언제든지 친구들을 부담 없이 만나 행복한 시간을 보낼 수 있습니다.</u>

상담원 : 저희 보험사에서 재무 설계는 우선 예산을 조정해 드리고 있으며, 선택과 집중을 통해 고객님의 생애에 있어 가장 중요한 부분들을 먼저 준비할 수 있도록 도와드리기 때문입니다.

① 해당 이익이 고객에게 반영될 시에 발생 가능한 상황을 공감시키는 과정이라고 할 수 있다.

② 해당 상품 및 서비스의 설명이 완료되어 마무리하는 부분이라 할 수 있다.

③ 제시하는 상품의 특징을 언급하는 부분이라 할 수 있다.

④ 이득이 발생할 수 있음을 예시하는 것이라 할 수 있다.

⑤ 이익이 발생하는 근거를 설명하는 부분이다.

11. 어느 달의 달력에서 그림과 같이 색칠된 사각형 모양으로 4개의 날짜를 선택하려고 한다. 이 달에서 선택한 4개의 날짜의 합이 88이 될 때, 4개의 날짜 중 가장 마지막 날짜는?

일	월	화	수	목	금	토
		1	2	3	4	5	6
7	8	9	10	11	12	13
	15	16	17			

① 19일   ② 24일

③ 26일   ④ 29일

⑤ 30일

12. 다음은 김 대리의 9월 인터넷 쇼핑 구매내역이다. 이에 대한 설명으로 옳은 것은? (단, 소수 둘째자리에서 반올림한다)

〈10월 인터넷 쇼핑 구매내역〉

(단위 : 원, 포인트)

상품	주문금액	할인금액	결제금액
캠핑용품 세트	45,400	즉시할인 4,540 쿠폰할인 4,860	신용카드 32,700 +포인트 3,300 = 36,000
가을 스웨터	57,200	즉시할인 600 쿠폰할인 7,970	신용카드 48,370 +포인트 260 = 48,630
샴푸	38,800	즉시할인 0 쿠폰할인 ( )	신용카드 34,300 +포인트 1,500 = 35,800
에코백	9,200	즉시할인 1,840 쿠폰할인 0	신용카드 7,290 +포인트 70 = 7,360
전체	150,600	22,810	127,790

1) 결제금액(원) = 주문금액 − 할인금액

2) 할인율(%) = $\dfrac{\text{할인금액}}{\text{주문금액}} \times 100$ 할인금액

3) 1포인트는 결제금액 1원에 해당

① 전체 할인율은 15% 미만이다.

② 할인율이 가장 높은 상품은 '에코백'이다.

③ 주문금액 대비 신용카드 결제금액 비율이 가장 낮은 상품은 '캠핑용품세트'이다.

④ 10월 전체 주문금액의 3%가 11월 포인트로 적립된다면, 10월 구매로 적립된 11월 포인트는 10월 동안 사용한 포인트보다 크다.

⑤ 결제금액 중 포인트로 결제한 금액이 차지하는 비율이 두 번째로 낮은 상품은 '가을스웨터'이다.

13. 다음은 직원들의 인사이동에 따른 4개의 지점별 직원 이동 현황을 나타낸 자료이다. 다음 자료를 참고할 때, 빈칸 Ⓐ, Ⓑ에 들어갈 수치로 알맞은 것은 어느 것인가?

〈인사이동에 따른 지점별 직원 이동 현황〉

(단위 : 명)

이동 후 이동 전	A	B	C	D
A	−	32	44	28
B	16	−	34	23
C	22	18	−	32
D	31	22	17	−

〈지점별 직원 현황〉

(단위 : 명)

시기 지점	인사이동 전	인사이동 후
A	425	(Ⓐ)
B	390	389
C	328	351
D	375	(Ⓑ)

① 380, 398   ② 390, 388

③ 400, 398   ④ 410, 408

⑤ 420, 418

14. 사무실 2개를 임대하여 사용하던 M씨가 2개의 사무실을 모두 이전하고자 한다. 다음과 같은 조건을 참고할 때, M씨가 주인과 주고받아야 할 금액에 대한 설명으로 옳은 것은? (소수점 이하는 반올림하여 원 단위로 계산함)

- 큰 사무실 임대료 : 54만 원
- 작은 사무실 임대료 : 35만 원
- 오늘까지의 이번 달 사무실 사용일 : 10일
- ☞ 임대료는 부가세(별도)와 함께 입주 전 선불 계산한다.
- ☞ 임대료는 월 단위이며 항상 30일로 계산한다.(단, 임대기간을 채우지 않고 나갈 경우, 사용하지 않은 기간만큼 일할 계산하여 환급한다)
- ☞ 보증금은 부가세 포함하지 않은 1개월 치 임대료이다.

① 주고받을 금액이 정확히 상계 처리된다.
② 사무실 주인으로부터 979,000원을 돌려받는다.
③ 사무실 주인에게 326,333원을 지불한다.
④ 사무실 주인에게 652,667원을 지불한다.
⑤ 사무실 주인으로부터 1,542,667원을 돌려받는다.

15. 김정은과 시진핑은 양국의 우정을 돈독히 하기 위해 함께 서울에 방문하여 용산역에서 목포역까지 열차를 활용한 우정 휴가를 계획하고 있다. 아래의 표는 인터넷 사용법에 능숙한 김정은과 시진핑이 서울—목포 간 열차종류 및 이에 해당하는 요소들을 배치해 알아보기 쉽게 도표화한 것이다. 아래의 표를 참조하여 이 둘이 선택할 수 있는 대안(열차종류)을 보완적 방식을 통해 고르면 어떠한 열차를 선택하게 되겠는가? (단, 각 대안에 대한 최종결과 값 수치에 대한 반올림은 없는 것으로 한다.)

평가 기준	중요도	열차 종류				
		KTX 산천	ITX 새마을	무궁화호	ITX 청춘	누리로
경제성	60	3	5	4	6	6
디자인	40	9	7	2	4	5
서비스	20	8	4	3	4	4

① ITX 새마을
② ITX 청춘
③ 무궁화호
④ 누리로
⑤ KTX 산천

16. 제시된 자료는 ○○병원 직원의 병원비 지원에 대한 내용이다. 다음 중 A~D 직원 4명의 총 병원비 지원 금액은 얼마인가?

병원비 지원 기준

- 임직원 본인의 수술비 및 입원비 : 100% 지원
- 임직원 가족의 수술비 및 입원비
- 임직원의 배우자 : 90% 지원
- 임직원의 직계 존·비속 : 80%
- 임직원의 형제 및 자매 : 50%(단, 직계 존·비속 지원이 우선되며, 해당 신청이 없을 경우에 한하여 지급한다.)
- 병원비 지원 신청은 본인 포함 최대 3인에 한한다.

병원비 신청 내역

A 직원	본인 수술비 300만 원, 배우자 입원비 50만 원
B 직원	배우자 입원비 50만 원, 딸 수술비 200만 원
C 직원	본인 수술비 300만 원, 아들 수술비 400만 원
D 직원	본인 입원비 100만 원, 어머니 수술비 100만 원, 남동생 입원비 50만 원

① 1,200만 원　　　② 1,250만 원
③ 1,300만 원　　　④ 1,350만 원
⑤ 1,400만 원

17. 바른 항공사는 서울—상해 직항 노선에 50명이 초과로 예약 승객이 발생하였다. 승객 모두는 비록 다른 도시를 경유해서라도 상해에 오늘 도착하기를 바라고 있다. 아래의 그림이 경유 항공편의 여유 좌석 수를 표시한 항공로일 때, 타 도시를 경유하여 상해로 갈 수 있는 최대의 승객 수는 구하면?

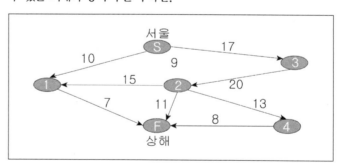

① 24　　　　　② 29
③ 30　　　　　④ 33
⑤ 37

18. 다음은 국민연금 보험료를 산정하기 위한 소득월액 산정 방법에 대한 설명이다. 다음 설명을 참고할 때, 김갑동 씨의 신고 소득월액은 얼마인가?

소득월액은 입사(복직) 시점에 따른 근로자간 신고 소득월액 차등이 발생하지 않도록 입사(복직) 당시 약정되어 있는 급여 항목에 대한 1년치 소득총액에 대하여 30일로 환산하여 결정하며, 다음과 같은 계산 방식을 적용한다.
• 소득월액 = 입사(복직) 당시 지급이 약정된 각 급여 항목에 대한 1년간 소득총액 ÷ 365 × 30

〈김갑동 씨의 급여 내역〉
• 기본급 : 1,000,000원
• 교통비 : 월 100,000원
• 고정 시간외 수당 : 월 200,000원
• 분기별 상여금 : 기본급의 100%(1, 4, 7, 10월 지급)
• 하계휴가비(매년 7월 지급) : 500,000원

---

① 1,645,660원
② 1,652,055원
③ 1,668,900원
④ 1,727,050원
⑤ 1,740,000원

19. 다음의 도표를 보고 분석한 내용으로 가장 옳지 않은 것을 고르면?

• 차종별 주행거리

구분	2016년		2017년		증감률 (%)
	주행거리 (천대 · km)	구성비 (%)	주행거리 (천대 · km)	구성비 (%)	
승용차	328,812	72.2	338,753	71.3	3.0
버스	12,407	2.7	12,264	2.6	-1.2
화물차	114,596	25.1	123,657	26.1	7.9
계	455,815	100.0	474,674	100.0	4.1

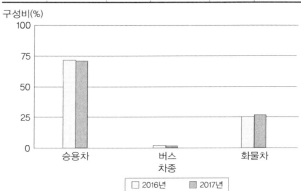

• 차종별 평균 일교통량

구분	2016년		2017년		증감률 (%)
	교통량 (대/일)	구성비 (%)	교통량 (대/일)	구성비 (%)	
승용차	10,476	72.2	10,648	71.3	1.6
버스	395	2.7	386	2.6	-2.3
화물차	3,652	25.1	3,887	26.1	6.4
계	14,525	100.0	14,921	100.0	2.7

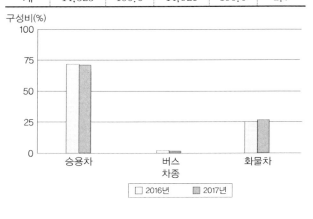

① 차종별 평균 일교통량에서 버스는 2016년에 비해 2017년에 와서는 -2.3 정도 감소하였음을 알 수 있다.

② 차종별 주행거리에서 화물차는 2016년에 비해 2017년에 7.9% 정도 감소하였음을 알 수 있다.

③ 차종별 평균 일교통량에서 화물차는 2016년에 비해 2017년에는 6.4% 정도 증가하였음을 알 수 있다.

④ 차종별 주행거리에서 버스의 주행거리는 2016년에 비해 2017년에는 -1.2% 정도 감소하였다.

⑤ 차종별 평균 일교통량에서 2016년의 총교통량(승용차, 버스, 화물차)은 2017년에 들어와 총교통량(승용차, 버스, 화물차)이 2.7% 정도 증가하였다.

20. 다음 그림은 교통량 흐름에 관한 내용의 일부를 발췌한 것이다. 이에 대한 분석결과로써 가장 옳지 않은 항목을 고르면? (단, 교통수단은 승용차, 버스, 화물차로 한정한다.)

• 고속국도

구분	주행거리 (천대·km)	구성비 (%)
승용차	153,946	68.5
버스	6,675	3.0
화물차	63,934	28.5
계	224,555	100.0

• 일반국도

구분	주행거리 (천대·km)	구성비 (%)
승용차	123,341	75.7
버스	3,202	2.0
화물차	36,239	22.3
계	162,782	100.0

• 지방도 계

구분	주행거리 (천대·km)	구성비 (%)
승용차	61,466	70.4
버스	2,387	2.7
화물차	23,484	26.9
계	87,337	100.0

• 국가지원지방도

구분	주행거리 (천대·km)	구성비 (%)
승용차	18,164	70.1
버스	684	2.6
화물차	7,064	27.3
계	25,912	100.0

• 지방도

구분	주행거리 (천대·km)	구성비 (%)
승용차	43,302	70.5
버스	1,703	2.8
화물차	16,420	26.7
계	61,425	100.0

① 고속국도에서 승용차는 주행거리 및 구성비 등이 다 교통수단에 비해 압도적으로 높음을 알 수 있다.

② 일반국도의 경우 주행거리는 버스가 3,202km로 가장 낮다.

③ 지방도로의 주행거리에서 보면 가장 높은 수단과 가장 낮은 수단과의 주행거리 차이는 47,752km이다.

④ 국가지원지방도로에서 구성비가 가장 높은 수단과 가장 낮은 수단과의 차이는 67.5%p이다.

⑤ 지방도로에서 버스의 경우 타 교통수단에 비해 주행거리가 가장 낮다.

21. ○○기업 직원인 A는 2018년 1월 1일 거래처 직원인 B와 전화통화를 하면서 ○○기업 소유 X물건을 1억 원에 매도하겠다는 청약을 하고, 그 승낙 여부를 2018년 1월 15일까지 통지해 달라고 하였다. 다음 날 A는 "2018년 1월 1일에 했던 청약을 철회합니다."라고 B와 전화통화를 하였는데, 같은 해 1월 12일 B는 "X물건에 대한 A의 청약을 승낙합니다."라는 내용의 서신을 발송하여 같은 해 1월 14일 A에게 도달하였다. 다음 법 규정을 근거로 판단할 때, 옳은 것은?

제○○조
① 청약은 상대방에게 도달한 때에 효력이 발생한다.
② 청약은 철회될 수 없는 것이더라도, 철회의 의사표시가 청약의 도달 전 또는 그와 동시에 상대방에게 도달하는 경우에는 철회될 수 있다.
제○○조 청약은 계약이 체결되기까지는 철회될 수 있지만, 상대방이 승낙의 통지를 발송하기 전에 철회의 의사표시가 상대방에게 도달되어야 한다. 다만 승낙기간의 지정 또는 그 밖의 방법으로 청약이 철회될 수 없음이 청약에 표시되어 있는 경우에는 청약은 철회될 수 없다.
제○○조
① 청약에 대한 동의를 표시하는 상대방의 진술 또는 그 밖의 행위는 승낙이 된다. 침묵이나 부작위는 그 자체만으로 승낙이 되지 않는다.
② 청약에 대한 승낙은 동의의 의사표시가 청약자에게 도달하는 시점에 효력이 발생한다. 청약자가 지정한 기간 내에 동의의 의사표시가 도달하지 않으면 승낙의 효력이 발생하지 않는다.
제○○조 계약은 청약에 대한 승낙의 효력이 발생한 시점에 성립된다.
제○○조 청약, 승낙, 그 밖의 의사표시는 상대방에게 구두로 통고된 때 또는 그 밖의 방법으로 상대방 본인, 상대방의 영업소나 우편주소에 전달된 때, 상대방이 영업소나 우편주소를 가지지 아니한 경우에는 그의 상거소(장소에 주소를 정하려는 의사 없이 상당기간 머무는 장소)에 전달된 때에 상대방에게 도달된다.

① 계약은 2018년 1월 15일에 성립되었다.
② 계약은 2018년 1월 14일에 성립되었다.
③ A의 청약은 2018년 1월 2일에 철회되었다.
④ B의 승낙은 2018년 1월 1일에 효력이 발생하였다.
⑤ B의 승낙은 2018년 1월 12일에 효력이 발생하였다.

22. 소셜미디어 회사에 근무하는 甲은 사회 네트워크에 대한 이론을 바탕으로 자사 SNS 서비스를 이용하는 A~P에 대한 분석을 실시하였다. 甲이 분석한 내용 중 잘못된 것은?

사회 네트워크란 '사람들이 연결되어 있는 관계망'을 의미한다. '중심성'은 한 행위자가 전체 네트워크에서 중심에 위치하는 정도를 표현하는 지표이다. 중심성을 측정하는 방법에는 여러 가지가 있는데, 대표적인 것으로 '연결정도 중심성'과 '근접 중심성'의 두 가지 유형이 있다.
'연결정도 중심성'은 사회 네트워크 내의 행위자와 직접적으로 연결되는 다른 행위자 수의 합으로 얻어진다. 이는 한 행위자가 다른 행위자들과 얼마만큼 관계를 맺고 있는가를 통하여 그 행위자가 사회 네트워크에서 중심에 위치하는 정도를 측정하는 것이다. 예를 들어 〈예시〉에서 행위자 A의 연결정도 중심성은 A와 직접 연결된 행위자의 숫자인 4가 된다.
'근접 중심성'은 사회 네트워크에서의 두 행위자 간의 거리를 강조한다. 사회 네트워크상의 다른 행위자들과 가까운 위치에 있다면 그들과 쉽게 관계를 맺을 수 있고 따라서 그만큼 중심적인 역할을 담당한다고 간주한다. 연결정도 중심성과는 달리 근접 중심성은 네트워크 내에서 직·간접적으로 연결되는 모든 행위자들과의 최단거리의 합의 역수로 정의된다. 이때 직접 연결된 두 점의 거리는 1이다. 예를 들어 〈예시〉에서 A의 근접 중심성은 $\frac{1}{6}$이 된다.

〈예시〉

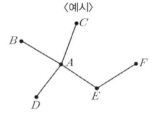

〈SNS 서비스를 이용하는 A~P의 사회 네트워크〉

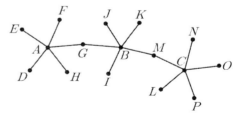

① 행위자 G의 근접 중심성은 $\frac{1}{37}$이다.
② 행위자 A의 근접 중심성은 행위자 B의 근접 중심성과 동일하다.
③ 행위자 G의 근접 중심성은 행위자 M의 근접 중심성과 동일하다.
④ 행위자 G의 연결정도 중심성은 행위자 M의 연결정도 중심성과 동일하다.
⑤ 행위자 A의 연결정도 중심성과 행위자 K의 연결정도 중심성의 합은 6이다.

증여세는 타인으로부터 무상으로 재산을 취득하는 경우, 취득자에게 무상으로 받은 재산가액을 기준으로 하여 부과하는 세금이다. 특히, 증여세 과세대상은 민법상 증여뿐만 아니라 거래의 명칭, 형식, 목적 등에 불구하고 경제적 실질이 무상 이전인 경우 모두 해당된다. 증여세는 증여받은 재산의 가액에서 증여재산 공제를 하고 나머지 금액(과세표준)에 세율을 곱하여 계산한다.

증여재산 − 증여재산공제액 = 과세표준
과세표준 × 세율 = 산출세액

증여가 친족 간에 이루어진 경우 증여받은 재산의 가액에서 다음의 금액을 공제한다.

증여자	공제금액
배우자	6억 원
직계존속	5천만 원
직계비속	5천만 원
기타친족	1천만 원

수증자를 기준으로 당해 증여 전 10년 이내에 공제받은 금액과 해당 증여에서 공제받을 금액의 합계액은 위의 공제금액을 한도로 한다.
또한, 증여받은 재산의 가액은 증여 당시의 시가로 평가되며, 다음의 세율을 적용하여 산출세액을 계산하게 된다.

〈증여세 세율〉

과세표준	세율	누진공제액
1억 원 이하	10%	–
1억 원 초과~5억 원 이하	20%	1천만 원
5억 원 초과~10억 원 이하	30%	6천만 원
10억 원 초과~30억 원 이하	40%	1억 6천만 원
30억 원 초과	50%	4억 6천만 원

※ 증여세 자진신고 시 산출세액의 7% 공제함

23. 위의 증여세 관련 자료를 참고할 때, 다음 〈보기〉와 같은 세 가지 경우에 해당하는 증여재산 공제액의 합은 얼마인가?

〈보기〉
• 아버지로부터 여러 번에 걸쳐 1천만 원 이상 재산을 증여받은 경우
• 성인 아들이 아버지와 어머니로부터 각각 1천만 원 이상 재산을 증여받은 경우
• 아버지와 삼촌으로부터 1천만 원 이상 재산을 증여받은 경우

① 5천만 원
② 6천만 원
③ 1억 원
④ 1억 5천만 원
⑤ 1억 6천만 원

24. 성년인 김부자 씨는 아버지로부터 1억 7천만 원의 현금을 증여받게 되어, 증여세 납부 고지서를 받기 전 스스로 증여세를 납부하고자 세무사를 찾아 갔다. 세무사가 계산해 준 김부자 씨의 증여세 납부액은 얼마인가?

① 1,400만 원
② 1,302만 원
③ 1,280만 원
④ 1,255만 원
⑤ 1,205만 원

25. 아래의 내용은 직장만족 및 직무몰입에 대한 A, B, C, D의 견해를 나타낸 것이다. A~D까지 각각의 견해에 관한 진술로써 가장 옳은 내용을 고르면?

어느 회사의 임직원을 대상으로 조사한 결과에 대해 상이한 견해가 있다. A는 직무 몰입도가 높으면 직장 만족도가 높고 직무 몰입도가 낮으면 직장 만족도도 낮다고 해석하여, 직무 몰입도가 직장 만족도를 결정한다고 결론지었다. B는 일찍 출근하는 사람의 직무 몰입도와 직장 만족도가 높고, 그렇지 않은 경우 직무 몰입도와 직장 만족도가 낮다고 결론지었다. C는 B의 견해에 동의하면서, 근속 기간이 길수록 빨리 출근 한다고 보고, 전자가 후자에 영향을 준다고 해석하였다. D는 직장 만족도가 높으면 직무 몰입도가 높고 직장 만족도가 낮으면 직무 몰입도도 낮다고 해석하여, 직장 만족도가 직무 몰입도를 결정한다고 결론지었다.

① 일찍 출근하며 직무 몰입도가 높고 직장에도 만족하는 임직원이 많을수록 A의 결론이 B의 결론보다 강화된다.
② 직장에는 만족하지만 직무에 몰입하지 않는 임직원이 많을수록 A의 결론은 강화되고 D의 결론은 약화된다.
③ 직무에 몰입하지만 직장에는 만족하지 않는 임직원이 많을수록 A의 결론은 약화되고 D의 결론은 강화된다.
④ 일찍 출근하지만 직무에 몰입하지 않는 임직원이 많을수록 B와 C의 결론이 약화된다.
⑤ 근속 기간이 길지만 직장 만족도가 낮은 임직원이 많을수록 B와 C의 결론이 약화된다.

26. 김 사원, 이 사원, 박 사원, 정 사원, 최 사원은 신입사원 오리엔테이션을 받으며 왼쪽부터 순서대로 앉아 강의를 들었다. 각기 다른 부서로 배치된 이들은 4년 후 신규 대리 진급자 시험을 보기 위해 다시 같은 강의실에 모이게 되었다. 다음의 〈조건〉을 모두 만족할 때, 어떤 경우에도 바로 옆에 앉는 두 사람은 누구인가?

〈조건〉
A. 신규 대리 진급자 시험에 응시하는 사람은 김 사원, 이 사원, 박 사원, 정 사원, 최 사원뿐이다.
B. 오리엔테이션 당시 앉았던 위치와 같은 위치에 앉아서 시험을 보는 직원은 아무도 없다.
C. 김 사원과 박 사원 사이에는 1명이 앉아 있다.
D. 이 사원과 정 사원 사이에는 2명이 앉아 있다.

① 김 사원, 최 사원
② 이 사원, 박 사원
③ 김 사원, 이 사원
④ 정 사원, 최 사원
⑤ 정 사원, 박 사원

27. 다음 조건을 만족할 때, 민 대리가 설정해 둔 비밀번호는?

• 민 대리가 설정한 비밀번호는 0~9까지의 숫자를 이용한 4자리수이며, 같은 수는 연달아 한 번 반복된다.
• 4자리의 수를 모두 더한 수는 11이며, 모두 곱한 수는 20보다 크다.
• 4자리의 수 중 가장 큰 수와 가장 작은 수는 5만큼의 차이가 난다.
• 비밀번호는 첫 번째 자릿수인 1을 시작으로 오름차순으로 설정하였다.

① 1127
② 1226
③ 1235
④ 1334
⑤ 1136

28. 5명(A ~ E)이 다음 규칙에 따라 게임을 하고 있다. 4→1→1의 순서로 숫자가 호명되어 게임이 진행되었다면 네 번째 술래는?

• A→B→C→D→E 순으로 반시계방향으로 동그랗게 앉아 있다.
• 한 명의 술래를 기준으로, 술래는 항상 숫자 3을 배정받고, 반시계방향으로 술래 다음 사람이 숫자 4를, 그 다음 사람이 숫자 5를, 술래 이전 사람이 숫자 2를, 그 이전 사람이 숫자 1을 배정받는다.
• 술래는 1 ~ 5의 숫자 중 하나를 호명하고, 호명된 숫자에 해당하는 사람이 다음 술래가 된다. 새로운 술래를 기준으로 다시 위의 조건에 따라 숫자가 배정되며 게임이 반복된다.
• 첫 번째 술래는 A다.

① A
② B
③ C
④ D
⑤ E

29. 아래의 내용을 읽고 밑줄 친 부분을 해결방안으로 삼아 실행했을 시에 주의해야 하는 내용으로 바르지 않은 것은?

동합금 제조기업 서원은 연간 40억 원의 원가 절감을 목표로 '원가혁신 2030' 출범 행사를 열었다고 26일 밝혔다. 원가혁신 2030은 오는 2020년까지 경영혁신을 통해 원가 또는 비용은 20% 줄이고 이익은 30% 향상시키는 혁신활동의 일환이라고 회사 측은 설명했다.

이 회사는 원가혁신 2030을 통해 연간 40억 원을 절감한다는 계획이다. 이를 달성하기 위해 체계적으로 원가코스트 센터를 통해 예산을 통제하고, 원가활동별로 비용 절감을 위한 개선활동도 진행한다. 또 종합생산성혁신(Total Productivity Innovation)을 통해 팀별, 본부별 단위로 목표에 의한 관리를 추진할 예정이다. 이에 대한 성과 평가와 보상을 위한 성과관리시스템도 구축 중이다.

서원은 비용 및 원가 절감뿐 아니라 원가혁신 2030을 통해 미래 성장비전도 만들어가기로 했다. 정직, 인재, 도전, 창조, 상생의 5개 핵심가치를 중심으로 지식을 공유하는 조직문화를 정착시키는 계획도 추진한다. 박기원 원가혁신위원장은 "내실을 다지면서 변화와 혁신을 도구 삼아 지속 성장이 가능한 기업으로 거듭나야 한다"라며 "제2의 창업이라는 각오로 혁신활동을 안착시키겠다"라고 말했다.

① 목표에 의한 관리가 제대로 수행되어질 수 있게끔 조직을 분권화 하는 등의 조직시스템의 재정비가 뒤따라야 한다.
② 의사소통의 통로 및 종업원들의 태도와 그들의 행위변화에 대한 대책을 마련하여, 올바른 조직문화 형성에 노력을 아끼지 말아야 한다.

③ 종업원들끼리의 지나친 경쟁과 리더의 역할갈등으로 인해 집단 저항의 우려가 있다.

④ 기업 조직의 사기 및 분위기나 문화 등이 경영환경에 대응해야만 하는 조직의 단기적인 안목에 대한 전략이 약화될 수 있으므로 주의해야 한다.

⑤ 구체적인 목표 제시가 되어야 한다.

30. ◇◇자동차그룹 기술개발팀은 수소연료전지 개발과 관련하여 다음의 자료를 바탕으로 회의를 진행하고 있다. 잘못된 분석을 하고 있는 사람은?

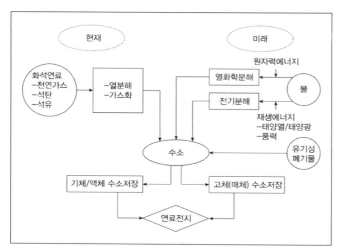

① 甲 : 현재는 석유와 천연가스 등 화석연료에서 수소를 얻고 있지만, 미래에는 재생에너지나 원자력을 활용한 수소 제조법이 사용될 것이다.

② 乙 : 수소는 기체, 액체, 고체 등 저장 상태에 관계없이 연료전지에 활용할 수 있다는 장점을 갖고 있다.

③ 丙 : 수소저장기술은 기체나 액체 상태로 저장하는 방식과 고체(매체)로 저장하는 방식으로 나눌 수 있다.

④ 丁 : 수소를 제조하는 기술에는 화석연료를 전기분해하는 방법과 재생에너지를 이용하여 물을 열분해하는 두 가지 방법이 있다.

⑤ 戊 : 수소는 물, 석유, 천연가스 및 유기성 폐기물 등에 함유되어 있으므로, 다양한 원료로부터 생산할 수 있다는 장점을 갖고 있다.

31. 컴퓨터에 대해 지식이 거의 전무한 트럼프는 어렵사리 컴퓨터를 켜고 문서를 작성하였다. 하지만 해당 문서가 쓸모없다고 여기며 삭제 또는 휴지통에 버리고 싶어 한다. 하지만 컴퓨터에 대한 지식이 없는 트럼프는 어찌할 줄 모르고 있다. 이렇게 불필요한 파일들은 삭제 또는 휴지통에 버리게 되는 데, 통상적으로 파일은 여러 가지 방법으로 휴지통으로 이동이 가능하다. 다음 중 이에 대한 내용으로 옳지 않은 것은?

① 파일을 선택하고 "Del" 키를 누른다.

② 휴지통 아이콘으로 파일을 끌어 놓는다.

③ 파일에서 마우스 왼쪽 버튼을 누른 다음 메뉴에서 삭제 단추를 누른다.

④ 윈도우 XP에서 사이드 메뉴의 삭제를 누른다.

⑤ 윈도우 XP 탐색기에서 파일을 선택하고 파일 메뉴의 삭제를 누른다.

32. 아베 총리는 북한과의 친선관계를 도모하고자 김정은에게 이메일을 보내려고 한다. 하지만, 일일이 타이핑이 하기 싫은 아베는 어느 날 독하게 마음을 먹고 단축키를 외워서 활용하고자 하는 다짐을 하고 이를 실천에 옮겼다. 하지만, 처음이라 많이 서툰 상황이 벌어지고 있다. 다음 중 아베가 단축키를 사용하는 데 있어서 해당 메뉴와 그에 대한 설명으로 가장 옳지 않은 것을 고르면?

① F1 : 도움말을 표시한다.

② F3 : 파일 또는 폴더 등을 검색한다.

③ F8 : 컴퓨터 부팅 시에 메뉴를 표시한다.

④ Alt + F4 : 현재 활성화되어 있는 프로그램의 창을 닫는다.

⑤ Alt + Enter : 작업 전환 창을 활용해서 타 응용 프로그램으로 이동한다.

33. 원모와 친구들은 여름휴가를 와서 바다에 입수하기 전 팬션 1층에 모여 날씨가 궁금해 인터넷을 통해 날씨를 보고 있다. 이때 아래에 주어진 조건을 참조하여 원모와 친구들 중 주어진 날씨 데이터를 잘못 이해한 사람을 고르면?

(조건 1) 현재시간은 월요일 오후 15시이다.
(조건 2) 5명의 휴가기간은 월요일 오후 15시(팬션 첫날)부터 금요일 오전 11시(팬션 마지막 날)까지이다.

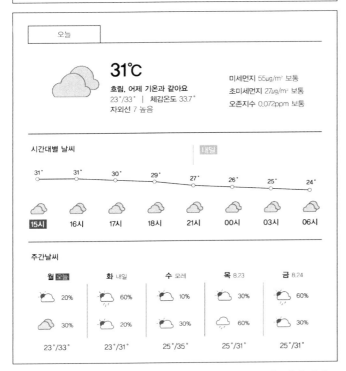

① 원모 : 우리 팬션 퇴실하는 날에는 우산을 준비 해야겠어.
② 형일 : 내일 오전에는 비가 와서 우산 없이는 바다를 보며 산책하기는 어려울 것 같아.
③ 우진 : 우리들이 휴가 온 이번 주 날씨 중에서 수요일 오후 온도가 가장 높아.
④ 연철 : 자정이 되면 지금보다 온도가 더 높아져서 열대야 현상으로 인해 오늘밤 잠을 자기가 힘들 거야.
⑤ 규호 : 오늘 미세먼지는 보통수준이야.

34. 다음 아래의 2가지 메신저에 대한 내용을 보고 잘못 말하고 있는 사람을 고르면?

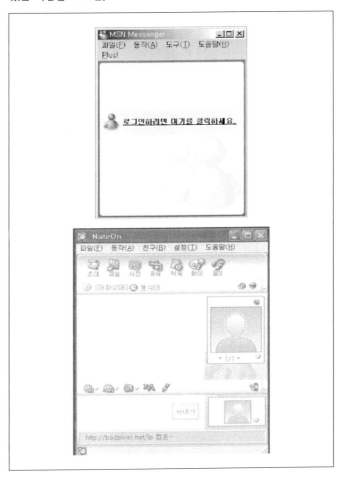

① 유희 : 위와 같은 메신저를 사용하게 되면 상대가 인터넷에 접속해 있는지를 확인할 수 있으므로 응답이 즉각적으로 이루어져서 전자우편보다 훨씬 속도가 빠르지.
② 병훈 : 인터넷에 연결되어 있기 때문에 각종 뉴스나 증권, 음악 정보 등의 서비스도 제공받을 수 있어.
③ 윤철 : 대부분의 메신저는 FTP를 거쳐야만 파일을 교환할 수 있어.
④ 정태 : 메신저는 프로그램을 갖춘 사이트에 접속하여 회원으로 등록한 후에 해당 프로그램을 다운로드 받아 컴퓨터에 설치하여 사용하면 되고, 회원가입과 사용료는 대부분 무료야.
⑤ 지선 : 여러 사람과의 채팅과 음성채팅도 지원되고 또한, 메신저는 인터넷을 기반으로 하고 있으므로 여러 사람과의 채팅과 음성채팅도 지원하며, 대용량의 동영상 파일은 물론 이동전화에 문자 메시지 전송도 가능해.

35. 다음의 알고리즘에서 인쇄되는 S는?

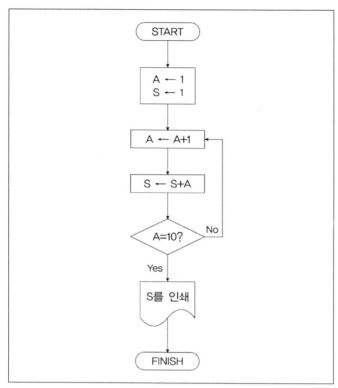

① 36

② 45

③ 55

④ 66

⑤ 77

36. 다음의 워크시트에서 추리영역이 90점 이상인 사람의 수를 구하고자 할 때, [D8] 셀에 입력할 수식으로 옳은 것은?

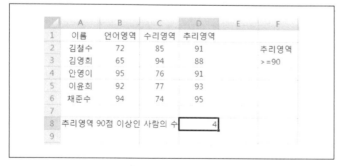

① =DSUM(A1:D6,4,F2:F3)

② =DSUM(A1:D6,3,F2:F3)

③ =DCOUNT(A1:D6,3,F2:F3)

④ =DCOUNT(A1:D6,4,F2:F3)

⑤ =DCOUNT(A1:D6,2,F2:F3)

37. 다음 워크시트에서 연봉이 3천만원 이상인 사원들의 총 연봉액을 구하는 함수식으로 옳은 것은?

	A	B
1	사원	연봉
2	한길동	25,000,000
3	이미순	30,000,000
4	소순미	18,000,000
5	김동준	26,000,000
6	김사라	27,000,000
7	나미수	19,000,000
8	전진연	40,000,000
9	김연지	26,000,000
10	채지수	31,000,000

① =SUMIF(B2:B10,">30000000")

② =SUMIF(B2:B10,">=30000000")

③ =SUMIF(A2:A10,">=30000000")

④ =SUM(B2:B10,">=30000000")

⑤ =SUM(A2:A10,">=30000000")

38. 다음의 워크시트에서 2학년의 평균점수를 구하고자 할 때 [F5] 셀에 입력할 수식으로 옳은 것은?

	A	B	C	D	E	F
1	이름	학년	점수			
2	윤성희	1학년	100			
3	이지연	2학년	95			
4	유준호	3학년	80		학년	평균점수
5	송민기	2학년	80		2학년	
6	유시준	1학년	100			
7	임정순	4학년	85			
8	김정기	2학년	95			
9	신길동	4학년	80			

① =DAVERAGE(A1:C9,3,E4:E5)

② =DAVERAGE(A1:C9,2,E4:E5)

③ =DAVERAGE(A1:C9,3,E4:E4)

④ =DMAX(A1:C9,3,E4:E5)

⑤ =DMAX(A1:C9,2,E4:E5)

39. 다음 워크시트는 학생들의 수리영역 성적을 토대로 순위를 매긴 것이다. 다음 중 [C2] 셀의 수식으로 옳은 것은?

	A	B	C
1		수리영역	순위
2	이순자	80	3
3	이준영	95	2
4	정소이	50	7
5	금나라	65	6
6	윤민준	70	5
7	도성민	75	4
8	최지애	100	1

① =RANK(B2,$B$2:$B$8)

② =RANK(B2,$B$2:$B$8,1)

③ =RANK(C2,$B$2:$B$8)

④ =RANK(C2,$B$2:$B$8,0)

⑤ =RANK(C2,$B$2:$B$8,1)

40. G사는 사내 진급자들을 대상으로 다음과 같은 교육 평가 자료를 만들었다. 무역실무 점수가 80점 이상인 직원을 선별하여 선별된 직원들의 총점의 합계를 구하고자 한다. 이를 위한 적절한 수식은 어느 것인가?

	A	B	C	D	E
1	성명	무역실무	외환관리	법무지식	총점
2	남길영	89	78	80	247
3	엄상철	60	70	89	219
4	권민호	90	90	60	240
5	신서윤	79	67	77	223
6					
7		무역실무			
8		>=80			
9					

① =DCOUNT(A1:E5,5,B7:B8)

② =DSUM(A1:E5,5,B7:B8)

③ =DCOUNTA(A1:E5,5,B7:B8)

④ =DSUM($A$1:$E$5,5,B7:B8)

⑤ =DCOUNT($A$1:$E$5,5,B7:B8)

41. 〈보기〉 중 우리가 흔히 인터넷을 통해 비용을 지불거나 혹은 무료로 사용하는, 클라우드 저장 서버에 대한 분류로 옳은 것을 모두 고르면?

〈보기〉

㉠ Public cloud

㉡ Private cloud

㉢ Software as a service(Saas)

㉣ Platform as a service(Paas)

㉤ Infrastructure as a service(Iaas)

① ㉠, ㉢   ② ㉠, ㉤

③ ㉡, ㉢   ④ ㉡, ㉣

⑤ ㉢, ㉣

42. 컴퓨터 구조에 대한 설명으로 옳지 않은 것은?

① 폰노이만이 제안한 프로그램 내장방식은 프로그램 코드와 데이터를 내부기억장치에 저장하는 방식이다.

② 병렬처리방식 중 하나인 SIMD는 하나의 명령어를 처리하기 위해 다수의 처리장치가 동시에 동작하는 다중처리기 방식이다.

③ CISC 구조는 RISC 구조에 비해 명령어의 종류가 적고 고정 명령어 형식을 취한다.

④ 파이프라인 기법은 하나의 작업을 다수의 단계로 분할하여 시간적으로 중첩되게 실행함으로써 처리율을 높인다.

⑤ 폰노이만 병목현상이란 폰노이만 구조가 고속 컴퓨터 설계에서 문제를 일으키는 것을 일컫는다.

43. 다음의 설명과 무선 PAN 기술이 옳게 짝지어진 것은?

(가) 다양한 기기 간에 무선으로 데이터 통신을 할 수 있도록 만든 기술로 에릭슨이 IBM, 노키아, 도시바와 함께 개발하였으며, IEEE 802.15.1 규격으로 발표되었다.

(나) 약 10 cm 정도로 가까운 거리에서 장치 간에 양방향 무선 통신을 가능하게 해주는 기술로 모바일 결제 서비스에 많이 활용된다.

(다) IEEE 802.15.4 기반 PAN기술로 낮은 전력을 소모하면서 저가의 센서 네트워크 구현에 최적의 방안을 제공하는 기술이다.

	(가)	(나)	(다)
①	Bluetooth	NFC	ZigBee
②	ZigBee	RFID	luetooth
③	NFC	RFID	ZigBee
④	Bluetooth	ZigBee	RFID
⑤	RFID	NFC	ZigBee

44. 네트워크 구성 형태에 대한 설명으로 옳지 않은 것은?

① 메시(mesh)형은 각 노드가 다른 모든 노드와 점 대 점으로 연결되기 때문에 네트워크 규모가 커질수록 통신 회선 수가 급격하게 많아진다.

② 스타(star)형은 각 노드가 허브라는 하나의 중앙노드에 연결되기 때문에 중앙노드가 고장나면 그 네트워크 전체가 영향을 받는다.

③ 트리(tree)형은 고리처럼 순환형으로 구성된 형태로서 네트워크 재구성이 수월하다.

④ 버스(bus)형은 하나의 선형 통신 회선에 여러 개의 노드가 연결되어 있는 형태이다.

⑤ 링(ring)형은 네트워크 내의 서로 인접하는 요소끼리 이어져 폐쇄회로 형태로 구성된다.

45. 빅데이터에 대한 설명으로 옳지 않은 것은?

① 빅데이터의 특성을 나타내는 3V는 규모(Volume), 속도(Velocity), 가상화(Virtualization)를 의미한다.

② 빅데이터는 그림, 영상 등의 비정형 데이터를 포함한다.

③ 자연어 처리는 빅데이터 분석기술 중의 하나이다.

④ 시각화(visualization)는 데이터 분석 결과를 쉽게 이해할 수 있도록 표현하는 기술이다.

⑤ 빅데이터의 속도는 데이터의 고도화된 실시간 처리를 뜻한다.

46. 개인정보 보호법령상 개인정보 영향평가에 대한 설명으로 옳지 않은 것은?

① 공공기관의 장은 대통령령으로 정하는 기준에 해당하는 개인정보파일의 운용으로 인하여 정보주체의 개인정보 침해가 우려되는 경우에는 위험요인분석과 개선 사항 도출을 위한 평가를 하고, 그 결과를 행정안전부장관에게 제출하여야 한다.

② 개인정보 영향평가의 대상에 해당하는 개인정보파일은 공공기관이 구축·운용 또는 변경하려는 개인정보파일로서 50만명 이상의 정보주체에 관한 개인정보파일을 말한다.

③ 영향평가를 하는 경우에는 처리하는 개인정보의 수, 개인정보의 제3자 제공 여부, 정보주체의 권리를 해할 가능성 및 그 위험 정도, 그 밖에 대통령령으로 정한 사항을 고려하여야 한다.

④ 행정안전부장관은 제출받은 영향평가 결과에 대하여 보호위원회의 심의·의결을 거쳐 의견을 제시할 수 있다.

⑤ 공공기간 외의 개인정보처리자는 개인정보파일을 운용으로 인하여 정보주체의 개인정보 침해가 우려되는 경우 영향평가를 하기 위해 노력해야 한다.

47. 다음 설명에 해당하는 OECD 개인정보보호 8원칙으로 옳은 것은?

> 개인정보는 이용 목적상 필요한 범위 내에서 개인정보의 정확성, 완전성, 최신성이 확보되어야 한다.

① 이용 제한의 원칙(Use Limitation Principle)

② 정보 정확성의 원칙(Data Quality Principle)

③ 안전성 확보의 원칙(Security Safeguards Principle)

④ 목적 명시의 원칙(Purpose Specification Principle)

⑤ 책임의 원칙(Accountability Principle)

48. 보안 서비스에 대한 설명을 바르게 나열한 것은?

> ㉠ 메시지가 중간에서 복제·추가·수정되거나 순서가 바뀌거나 재전송됨이 없이 그대로 전송되는 것을 보장한다.
> ㉡ 비인가된 접근으로부터 데이터를 보호하고 인가된 해당 개체에 적합한 접근 권한을 부여한다.
> ㉢ 송·수신자 간에 전송된 메시지에 대해서, 송신자는 메시지 송신 사실을, 수신자는 메시지 수신 사실을 부인하지 못하도록 한다.

	㉠	㉡	㉢
①	데이터 무결성	부인봉쇄	인증
②	데이터 가용성	접근통제	인증
③	데이터 기밀성	인증	부인봉쇄
④	데이터 무결성	접근통제	부인봉쇄
⑤	데이터 기밀성	부인봉쇄	접근통제

49. 아래의 지문은 신문에서 발췌한 기사이다. 빈칸에 들어갈 단어로 적절한 것은?

> 취업준비생 김다정(28)씨는 지난 5월 7일 [   ] 공격으로 취업을 위해 모아뒀던 학습 및 준비 자료가 모두 암호화돼 버렸다.
>
> 컴퓨터 화면에는 암호를 알려주는 대가로 100달러(약 11만 5000원)를 요구하는 문구가 떴지만, 결제해도 데이터를 되찾을 수 없다는 지인의 조언에 데이터복구 업체를 통해 일부 자료만 복구해 보기로 했다. 그런데 업체를 통해 데이터 일부를 복구한지 하루 만인 지난 10일 또 다시 [   ] 공격을 받아 컴퓨터가 먹통이 돼 버렸다.

① 하트블리드(Heart bleed)
② 랜섬웨어(Ransomware)
③ 백오리피스(Back Orifice)
④ 스턱스넷(Stuxnet)
⑤ 샤문(Shamoon)

50. 데이터 전송의 발전단계를 열거한 것 중 옳은 것은?
① 음성 통신 – 광대역 아날로그 회선 – 디지털 전용 회선 – 종합 통신망
② 디지털 전용 회선 – 광대역 아날로그 회선 – 음성통신 – 종합 통신망
③ 데이터 전용 회선 – 음성 통신 – 종합 통신망
④ 데이터 전용 회선 – 음성 통신 – 디지털 전용 회선
⑤ 데이터 전용 회선 – 종합 통신망 – 가입자 통신망

51. 다음 중 OSI – 7 Layer 계층을 순서대로 표현한 것은?
① 물리 계층 – 네트워크 계층 – 데이터 링크 계층 – 전송 계층 – 표현 계층 – 세션 계층 – 응용 계층
② 물리 계층 – 데이터 링크 계층 – 네트워크 계층 – 전송 계층 – 세션 계층 – 표현 계층 – 응용 계층
③ 네트워크 계층 – 물리 계층 – 데이터 링크 계층 – 전송 계층 – 세션 계층 – 표현 계층 – 응용 계층
④ 응용 계층 – 세션 계층 – 네트워크 계층 – 표현 계층 – 전송 계층 – 물리 계층 – 데이터 링크 계층
⑤ 물리 계층 – 응용 계층 – 표현 계층 – 네트워크 계층 – 세션 계층 – 전송 계층 – 데이터 링크 계층

52. 기저 대역 신호에 대한 설명으로 옳은 것은?
① 전송하고자 하는 정보를 전송로의 특성에 맞는 전송 부호로 변환하는 것
② 전송하고자 하는 정보를 반송파에 맞는 전송 부호로 변환하는 것
③ 원래 정보에 동기 신호를 넣어 장치에 적합하게 변환하는 것
④ 가장 기본 신호를 의미한다.
⑤ 광대역 종합 전송로에서 사용하는 신호이다.

53. 「전파법」에서 정의하고 있는 용어에 대하 설명으로 옳지 않은 것은?
① "전파"란 인공적인 유도(誘導) 없이 공간에 퍼져 나가는 전자파로서 국제전기통신연합이 정한 범위의 주파수를 가진 것을 말한다.
② "주파수할당"이란 허가나 신고로 개설하는 무선국에서 이용할 특정한 주파수를 지정하는 것을 말한다.
③ "주파수회수"란 주파수할당, 주파수지정 또는 주파수 사용 승인의 전부나 일부를 철회하는 것을 말한다.
④ "무선통신"이란 전파를 이용하여 모든 종류의 기호·신호·문언·영상·음향 등의 정보를 보내거나 받는 것을 말한다.
⑤ "무선국(無線局)"이란 무선설비와 무선설비를 조작하는 자의 총체를 말한다. 다만, 방송수신만을 목적으로 하는 것은 제외한다.

54. 무선국에 대한 정의로 옳은 것은?
① 방송 청취를 위한 수단으로 사용되는 것이다.
② 해안 선박에 관련된 통신을 조작하는 곳이다.
③ 무선설비를 조작하는 곳이다.
④ 무선설비를 설치하기 위한 지역을 의미한다.
⑤ 전파를 이용하는 모든 송수신 장비를 의미한다.

55. 다음 중 무선 수신기 보조 회로인 AGC 회로의 주된 작용으로 옳은 것은?
① 신호 검출
② 주파수 개선
③ 잡음 억제
④ 이득 조정
⑤ 충실도 향상